FOAL

D1561137

CUADRILLA y CÍA.

Seis cuentos

Texto: Katiuscia Giusti

Traducción: George Gubbins Vásquez

Ilustraciones: Agnès Lemaire. Color: Doug Calder

Título original: Crew and Co.

ISBN 13 de la edición original: 978-3-03730-146-3

ISBN 13 de la versión en castellano: 978-3-03730-204-0

© Aurora Production AG, Suiza, 2003-2009

Derechos reservados. Impreso en Taiwán.

es.auroraproduction.com

El abuelo Diego iba silbando por la calle. Se dirigía al colegio para recoger a Tristán. Al acercarse a la entrada, escuchó en el patio de recreo a dos niños que gritaban y discutían.

–¡Vaya! –se dijo–, si parece la voz de Tristán. Voy a ver qué sucede.

Entró de prisa al patio, donde vio a Tristán y Damián riñendo en una de las torres de juegos.

–¿Qué pasa? –preguntó mientras se acercaba.

Sin embargo, los dos chicos estaban tan enfrascados en su disputa que ni oyeron al abuelo, y continuaron peleándose.

–¡Chicos! Basta de...

Pero antes de que terminara la frase, Damián empujó a Tristán. Éste se encontraba en el borde del puente que comunicaba las dos torres y perdió el equilibrio.

–¡Agárrate a la baranda! –le gritó el abuelo, que llegó justo a tiempo para sujetarlo y evitar que se cayera.

–¡Lo siento! –exclamó Damián preocupado–. No quería tirarte.

Tristán bajó calladamente de la torre.

El abuelo llevó a los niños a un banco que había en un extremo del patio.

–Veamos, ¿cuál de los dos me quiere contar lo que estaba pasando? –preguntó.

Damián se echó a llorar.

–Lo siento –dijo.

Tristán también se puso a sollozar.

–Sé que están arrepentidos de lo que hicieron –explicó el abuelo–. ¡Ojalá con esto se den cuenta de que peleando y discutiendo no se resuelve nada! Tristán estuvo a punto de sufrir un accidente. Si se hubiera caído habría sido bien feo.

–Gracias por salvarme, abuelito –susurró Tristán.

–Suerte que llegué a tiempo. Bueno, se me ocurre algo para que se les quede grabada esta lección.

–¿Un cuento? –preguntó Damián entusiasmado.

–Sí, un cuento que trata de un incidente similar a este de hoy.

◆ ◆ ◆

Una gran excavadora y un camión volquete se dirigían con gran estruendo a un terreno lleno de desniveles. Se les había asignado la tarea de allanarlo para construir un parque infantil.

Pepe Volquete –como lo llamaban sus amigos– se abría camino de mala gana

4

entre las elevaciones del terreno. No le hacía ninguna gracia pasarse un largo día trabajando al sol, llevando una carga tras otra. En cambio a Cavi, la excavadora, le gustaba trabajar en parques. Ya se imaginaba a los niños disfrutando del parque una vez que estuviera terminado.

–Estamos listos –dijo Cavi alegremente–. Empecemos por la izquierda.

–De acuerdo –refunfuñó Pepe mientras reculaba para colocarse donde Cavi pudiera llenarlo de tierra.

–Ahí va una buena cantidad –anunció Cavi alzando su pala llena de tierra y volcándola sobre Pepe.

–Creo que eso es todo lo que aguanto –resopló Pepe–. Voy a descargar.

–Pero tu caja está medio vacía –observó Cavi.

–Para mí es suficiente.

Dicho esto, el volquete arrancó ruidosamente para ir a descargar la tierra en las cercanías del futuro parque infantil. Pero como no había cerrado bien la parte de atrás de la caja, cada vez que pasaba por un bache y pegaba un salto, una parte de la tierra se caía. Así que fue dejando una estela de montículos.

Cuando regresó, Cavi no estaba nada contenta.

–Pepe, me vas a hacer trabajar el doble –le dijo–. ¡Voy a tener que ir después a recoger toda esa tierra otra vez!

–Yo creo que fue culpa tuya porque no me cargaste bien.

–¡Claro que no! –protestó ella enojada.

–Mira –continuó Pepe–, hasta ahora he seguido todas tus instrucciones, pero ya me estoy cansando de hacerte caso. Yo también tengo mis ideas de cómo se puede hacer el trabajo.

–¿En serio? –preguntó Cavi–. Y ¿cómo no me dijiste nada?

–Es que... –balbuceó el volquete–, no tenía ganas.

–De todas formas, yo soy la única de los dos con experiencia en parques infantiles, así que sé mejor cómo se hace –gritó la excavadora.

–No es cierto. Es sólo que te crees mejor que yo.

–Tal vez lo soy.

–¡De ninguna manera! –le contestó Pepe enfadado.

Mientras discutían, Cavi había seguido cargando la caja del volquete. En cierto momento, levantó su pala mecánica llena de tierra para descargarla sobre Pepe; pero éste, como estaba enojado, arrancó en el preciso

momento en que la excavadora soltaba la tierra. Toda la palada se fue al suelo.

Pepe se desternilló.

—No puedo creer que hayas hecho eso —le dijo Cavi.

—Es que me pareció que la tierra se veía más bonita ahí que en mi caja. Y ¿sabes qué? Creo que la que tengo en la caja estaría mejor allá.

Diciendo eso, Pepe retrocedió hasta el lugar de donde la excavadora había retirado cuidadosamente la tierra, basculó y dejó caer su carga.

—¡No aguanto más! ¡Estoy harta de ti! —exclamó Cavi bajando su pala y avanzando furiosa hacia Pepe, que aún estaba descargando tierra y riéndose.

La excavadora trató de recoger la tierra y volver a echarla en la caja del volquete; pero como ésta estaba inclinada, no podía.

Cavi estaba que echaba chispas. Retrocedió y se lanzó sobre Pepe: colocó su pala debajo de la caja del volquete y la comenzó a levantar.

Pepe dejó de reírse cuando vio que se inclinaba hacia delante.

—¡Para! ¡Para! —gritó—. Vas a volcarme.

—¡Basta ya de tonterías! —exclamó el capataz—. Cavi, ¡baja ahora mismo a Pepe!

¿No les encargué que nivelaran el terreno y sacaran la tierra sobrante? –les preguntó.

–Sí –respondieron ambos en voz baja.

–Pues ¿cómo es que no lo están haciendo?

–Es que cada uno lo quiere hacer a su manera –explicó el volquete.

–Miren, si no se ponen de acuerdo, el trabajo no avanzará, y les tomará más tiempo. ¿Es eso lo que quieren?

–No –respondieron los dos.

–Les voy a pedir que conversen y resuelvan juntos cómo van a hacerlo. ¿Está bien?

–Sí, jefe.

Cavi y Pepe se quedaron unos minutos hablando. Una vez decidido el plan de acción, pusieron manos a la obra y trabajaron en armonía, contentos, hasta terminar.

Cuando ya el sol se ponía, el capataz pasó a ver cómo les iban las cosas.

–¡Estoy impresionado! –exclamó–. No me imaginaba que terminarían tan pronto. Y hacía tiempo que no veía un trabajo tan bien hecho. Me alegro de que lograran ponerse de acuerdo.

–Nosotros también –dijo Cavi.

–Los espero mañana por la mañana –añadió el capataz–. Aún quedan cosas que

hacer, y un buen equipo como son ustedes me puede ser muy útil.

–Cuente con nosotros –le aseguró Pepe.

–Me gustó el cuento –dijo Tristán–. Damián y yo hubiéramos debido ponernos de acuerdo sin pelear.

–Efectivamente –confirmó el abuelo Diego–. Riñendo y discutiendo no se resuelve nada, mientras que hablando uno se da cuenta de que no es tan difícil llegar a un acuerdo.

–¡Conque aquí estabas, Damián! Te andaba buscando.

Era su mamá.

–El abuelo Diego nos contó un cuento –le explicó su hijo.

–¡Cuánto me alegro! –dijo ella–. Gracias, don Diego. Damián, ¿me lo cuentas a mí de camino a casa?

–Bueno. Chao, Tristán. Chao, abuelo Diego –se despidió Damián saludándolos con la mano–. Nos vemos mañana en clase.

–Jugaremos a lo que tú quieras –le prometió Tristán mientras se alejaba.

–Estuvo muy bien que le dijeras eso, Tristán –observó el abuelo cuando Damián ya se había ido–. ¿Vamos a casa?

–Sí.

Chantal, Damián y Tomás habían ido a la casa de Tristán para pasar un par de horas jugando con él. Aquella tarde decidieron sacar los bloques Duplo.

—Voy a construir una torre —dijo la niña—. Mi papá me enseñó cómo se hace.

—Yo la hago contigo —se ofreció Tomás.

Al poco rato, ambos habían armado una torre roja y amarilla que era tan alta como ellos.

—¡Miren! —anunció Chantal—. ¡Qué alta!

—¡Vaya! —exclamaron Tristán y Damián.

—Y fíjense en el cuartel de bomberos que estamos haciendo nosotros —añadió Tristán.

La pequeña se agachó para examinarlo de cerca.

—Está muy bonito.

—¿Listos? A la una, a las dos y a las tres —avisó Tomás.

—¿Listos para qué? —preguntó Chantal.

De pronto, la torre que había hecho con Tomás se vino abajo con gran estruendo.

—¡Tomás! ¡Me rompiste la torre! —gritó la niña echándose a llorar.

Damián salió corriendo del cuarto y regresó enseguida con el abuelo Diego. Había bloques Duplo por toda la habitación. Sentada en el suelo, Chantal sollozaba.

Tomás parecía desconcertado. Llevaba puesto el cinturón para herramientas de Tristán, del que colgaban un serrucho, un desatornillador y otras herramientas de juguete. En la mano sostenía el martillo de plástico con el que había derribado la torre.

El abuelo entró con cuidado para no pisar los bloques Duplo y se sentó en la cama de su nieto.

—Tomás, ¿me cuentas lo que pasó?

El niño respondió:

—En algún momento se tenía que caer, abuelo Diego.

—Pero acababa de terminarla —protestó Chantal entre sollozos.

—La torre no iba a caber en el balde, así que íbamos a tener que desarmarla a la hora de guardar los juguetes —explicó Tomás—. Por eso ya la tiré enseguida. Eso es todo.

—Ya veo —dijo el abuelo—. Estoy de acuerdo contigo, Tomás, en que tarde o temprano había que deshacer la torre para guardar los bloques. Pero ¿sabes una cosa? Cuando uno va a desmontar algo debe tener en cuenta un principio muy importante.

—¿Cuál es? —preguntó Tomás.

—Que hay que escoger un buen momento para ello. Verás, la torre estaba recién construida. ¿No se te ocurrió que a lo mejor

Chantal quería jugar con ella antes que la desarmaras?

Tomás lo negó con la cabeza y se quedó mirando el suelo.

—Yo no la rompí para fastidiar —aclaró.

—Lo sé, y no estoy enojado contigo. Pero puedes sacar una buena enseñanza de todo esto, como hicieron Triturador y Perforador.

A Cuadrilla y Cía. le habían encargado la tarea de demoler una casa vieja que no era muy segura y luego construir en el mismo lugar una nueva.

Demoledor llevaba varias horas trabajando. Con mucha habilidad descargaba contra las paredes su gran bola de acero y las iba derribando, a veces en pedazos grandes, otras en pequeños. Terminada su tarea, se fue pesadamente a descansar.

Al irse él, se acercaron Perforador y Triturador. El capataz de Cuadrilla y Cía. les explicó lo que tenían que hacer.

—Algunas piedras y cascotes son muy grandes para cargarlos en los camiones. Ustedes tienen la tarea de reducirlos de tamaño. Bulldozer y Pepe van a llegar dentro de poco y querrán ponerse a trabajar enseguida. Gracias, muchachos.

–Entendido, jefe –dijeron los dos hermanos antes de que el capataz se alejara.

El trabajo de Perforador consistía en perforar los pedazos de concreto; Triturador, por su parte, los desmenuzaba con sus dientes.

–Triturador, ¿por qué será que a nosotros siempre nos tocan los trabajos poco importantes? –preguntó Perforador–. ¡Ojalá nos dieran trabajos de verdad, algo más que encargarnos de lo que han dejado los demás!

–Tienes razón –murmuró Triturador–. A los otros les dan trabajo continuo; en cambio, nosotros nos pasamos el día aburridos.

–Tal vez al terminar esto podríamos buscar otro trabajo.

–Buena idea. Aunque será mejor que empecemos ya, porque veo que vienen Bulldozer y Pepe.

El estruendo del taladro de Perforador y de los dientes de Triturador resonó por toda la obra. En poco rato terminaron su trabajo.

–Ahora déjennos a nosotros –dijo Pepe a los dos hermanos–. Gracias por su ayuda.

–«Ahora déjennos a nosotros» –repitió Triturador en voz baja, en son de burla–. No me gusta que nos digan eso. Todos los vehículos se creen mejores que nosotros. Demostrémosles que nosotros también servimos.

–Sí. Para romper y triturar somos estupendos. ¿Qué más da que no sepamos construir?

Los dos comenzaron a deambular por la obra buscando algo que demoler.

–¿Qué te parece esta pared? –preguntó Perforador señalando una pared baja que había en la parte trasera de la casa.

–Buena idea –respondió Triturador–. Ahora verán que somos tan útiles como los demás.

Después de un poco de perforar y triturar, parte de la pared se desplomó. Los dos hermanos se quedaron admirando orgullosos su hazaña.

–¡Uy, no! –exclamó Mini–. Justo acababa de retirar los escombros...¡Ahora la pared se vino abajo!

–Nosotros la estamos demoliendo –anunció Triturador.

–¡Pero no había que romperla! –explicó la pequeña excavadora–. El capataz me encargó que retirara todos los escombros que había alrededor porque no quería que le hicieran nada. Ahora habrá que reconstruirla.

Los dos hermanos bajaron la cabeza arrepentidos.

–¿Qué pasa? –preguntó Demoledor acercándose.

Al ver la pared hecha pedazos, comprendió lo que había sucedido.

26

—Pensábamos que era bueno echarla abajo —aclaró Perforador.

—Entiendo —respondió Demoledor—. Pero a veces es preferible no hacer nada a meter la pata. Al igual que yo, ustedes tienen una misión muy concreta: demoler. Pero no podemos romperlo todo. De otro modo, nos exponemos a echar por tierra lo que otros han tardado mucho tiempo en construir.

—Perdón —dijo Triturador.

—Es bueno que lo aprendan —prosiguió Demoledor—. Yo cometí el mismo error cuando era joven, solo que causé un desastre mucho mayor, y luego tomó mucho tiempo arreglarlo.

»La labor que hacen los dos es muy valiosa. Tal vez les parezca que no se les utiliza tanto como a otras máquinas, pero igual son parte de la cuadrilla. Cada cual tiene su función, y la de ustedes es muy importante».

—Lo tendremos presente —contestó Perforador—. Y lamentamos lo de la pared, Mini.

—Está bien —dijo la pequeña excavadora—. Se puede arreglar.

—Debemos contarle lo sucedido al capataz —observó Triturador—, para que nos ayude a reconstruirla.

—Seguro que lo entenderá —señaló Demoledor.

Los dos hermanos fueron a ver al capataz y le explicaron lo que había pasado. Él fue muy comprensivo y se alegró de que hubieran sacado una buena enseñanza de lo ocurrido.

—Procuraré encontrarles más trabajo, para que se sientan útiles —comentó—. Siento no haber tenido mucho que ofrecerles.

—Está bien —dijo Triturador—. Cuente con nosotros para lo que haga falta.

—Chantal, si quieres te armo la torre otra vez —se ofreció Tomás—. Perdóname por ponerte triste.

—Te perdono —respondió ella—. La podemos hacer juntos. ¡Me gusta edificar torres!

—¡Qué buena solución han encontrado! —observó el abuelo Diego—. Me siento orgulloso de ustedes.

Tomás y Chantal juntaron los bloques Duplo y reconstruyeron la torre, solo que esta vez la hicieron aún más alta. Y lo mejor de todo era que habían aprendido algo muy importante.

Todo lodo

CUADRILLA y CÍA.

—¿**P**or qué tenía que llover hoy? —preguntó Tristán fastidiado, observando la tormenta por la ventana—. Yo quería jugar en el patio con Damián, y ahora no puedo.

—¿Qué tal si hacemos algo juntos? —propuso su abuelo.

—¿Como qué?

—Bueno, si quieres te...

—¿Me cuentas un cuento? —preguntó el niño entusiasmado.

—Sí. Acabo de recordar uno sobre una tormenta. ¿Qué te parece si preparo chocolate caliente y luego te lo cuento?

—¡Qué divertido! —exclamó Tristán.

Durante casi una semana el tiempo había estado lluvioso y deprimente, y a Cuadrilla y Cía. le costaba cada vez más hacer su trabajo.

El suelo estaba cubierto por una gruesa capa de barro. Los vehículos tenían que hacer grandes esfuerzos para que sus ruedas y orugas no se hundieran en el lodo.

El viernes, quinto día de mal tiempo, fue el peor de todos.

El brazo de Camión Grúa se bamboleaba descontroladamente, ¡tanto así que algunos

de sus compañeros tuvieron que sujetárselo para que el viento no se lo llevara!

Casi no se avanzaba nada en la obra; estaban todos concentrados en defenderse de la tormenta para que ésta no causara daños.

El capataz, no queriendo correr riesgos, les dijo a los vehículos que se tomaran el día libre.

—¡Esperemos a que pase el temporal! —les dijo a gritos para que le oyeran a pesar del estruendo de la tormenta—. Será mejor que lo recojan todo y se vayan a casa. Ya veremos mañana cómo está el tiempo.

Todos se pusieron a trabajar enérgicamente para dejar las cosas guardadas y marcharse antes de que empeorara el temporal.

Pero en medio de la tormenta se oyeron unos gritos de auxilio.

—¡Socorro! ¡Ayúdenme!

—¡Escuchen! —dijo Mini—. Vayamos a ver qué pasa. Parece la voz de Carmen.

En un extremo de la obra estaba Carmen Pluma pidiendo auxilio. Resulta que cuando ya se iba, patinó en el camino de tierra, cayó por el terraplén y quedó atascada en una cuneta llena de lodo. Por mucho que se esforzaba, no lograba moverse. Las ruedas patinaban y lanzaban barro por todas partes.

Enseguida se juntó un buen número de vehículos al lado del terraplén para ver qué había pasado.

–¡Que alguien me ayude, por favor! –imploró Carmen–. Lo único que quiero es irme a casa y lavarme.

–Intenta salir una vez más –la animó Triturador.

–No va a resultar.

–Haz la prueba. Tal vez lo consigas esta vez.

Carmen hizo girar sus ruedas todo lo rápido que pudo. Pero en vez de salir de la zanja, sólo logró lanzar lodo en todas direcciones y hundirse más.

–¡Qué asco! –exclamó Pinta Asfalto–. Me ha cubierto de barro. ¡Como si no estuviera ya bastante sucia!

–Lo siento –dijo Carmen con voz triste.

–Carmen, no creo que podamos ayudarte –resolvió Triturador–. Vas a tener que esperar a que pase la tormenta y el barro se endurezca un poco.

–¿Lista para ir a casa, señorita Pinta? –preguntó Rodillo Aplanador acercándose pesadamente.

–Casi. Estoy toda manchada –se quejó ella–. Carmen me llenó de lodo.

–¡Qué desconsiderada! —comentó Rodillo frunciendo el ceño.

–Lo que pasa es que Carmen está atascada –le explicó Mini–. No lo hizo a propósito.

–Bueno, a mí no me gusta ni el barro ni la suciedad, así que si la señorita Pinta está lista, me voy enseguida –anunció Rodillo de mal humor.

Sin embargo, cuando se dio la vuelta para marcharse, uno de sus rodillos resbaló por el borde del terraplén, y la pesada máquina fue a parar a la cuneta, al lado de Carmen.

–¡Ay! –chilló Pinta.

Pero al tratar de ayudarlo, ella también patinó y cayó en la zanja. Así que quedaron los tres, Carmen, Rodillo y Pinta, hundidos en el lodo e incapaces de salir de la cuneta por sí mismos.

Rodillo no estaba nada contento con lo ocurrido.

–¡Señorita Carmen! –gritó–. De no haber sido tan descuidada, no se habría metido en este lío, y ahora no estaríamos así.

–No fue culpa de ella –protestó Triturador.

–Será mejor que me vaya antes de que termine en la zanja como ellos –dijo Mezclador de Hormigón.

–¡No puedes abandonarnos! –exclamó Rodillo.

–¿Qué quieres que haga? –preguntó Mezclador.

–¡Pues echarnos una mano!

–¿Y terminar en la cuneta como ustedes? ¡No, por favor!

–Tal vez al capataz se le ocurra una solución –intervino Carmen.

–Podría ser, pero se fue de la obra hace quince minutos –observó Mini.

–¿Qué vamos a hacer? –se lamentó Pinta.

–Todos debemos aunar fuerzas para sacarlos a ustedes tres de la cuneta –contestó Camión Grúa, que había estado observando la escena en silencio.

–No creo que valga la pena –dijo Mezclador.

–Son nuestros amigos –exclamó Camión Grúa–. Los amigos están para ayudarse. Si tú estuvieras en un apuro, ¿no querrías que alguien te echara una mano?

–Camión Grúa tiene razón –comentó Triturador–. Yo puedo ayudar, si se les ocurre algo que pueda hacer.

–Yo también –propuso Mini.

–Cuenten conmigo —añadió Mezclador–. ¿Qué hacemos?

–Tengo una idea –anunció Camión Grúa–. En primer lugar, Mini, ¿podrías llamar a Bulldozer? Su ayuda podría ser muy valiosa.

A pesar de la lluvia torrencial, todos los vehículos se pusieron a trabajar en equipo

42

para sacar del lodo a sus desafortunados compañeros. Mini sacó parte del barro con su largo brazo. Triturador encontró unas tablas que podían colocarse delante de las ruedas de Carmen. Camión Grúa se encargó de la organización del rescate. Mezclador le lanzó a Carmen una soga para poder tirar de ella, y Bulldozer, por su parte, ayudó dándole un empujón, ya que sus orugas no se hundían en el barro.

A fuerza de tirar y empujar con mucha determinación, lograron desatascar a Carmen. A continuación, sacaron también del barrizal a Pinta y a Rodillo.

–Muchísimas gracias –dijo Carmen–. Me alegro de contar con amigos como ustedes.

–Fue un placer –contestó Camión Grúa.

–Carmen, lamento haber sido tan antipática contigo –se disculpó Pinta–. Hubiera debido preocuparme por ayudarte en vez de pensar sólo en mí y en no ensuciarme. Me porté como una tonta.

–No importa –respondió Carmen–. Estás perdonada.

–¿Me perdonas a mí también? –preguntó Rodillo–. Me siento mal por haberme enojado contigo. La próxima vez pensaré en cómo me sentiría yo si me encontrara en un apuro, y creo que estaré más dispuesto a ayudar.

44

–No te preocupes, Rodillo –lo tranquilizó Carmen–. Te perdono. Ha sido una semana difícil para todos.

–Ahora que ya no queda nadie atascado, vámonos a casa –propuso Bulldozer.

Y todos se encaminaron hacia el garaje, para resguardarse del viento y de la lluvia.

–¡Me gustó el cuento! –dijo Tristán–. Fue bonito que Camión Grúa, Triturador, Mini, Bulldozer y Mezclador ayudaran a sus amigos.

–Así es –contestó su abuelo–. Uno nunca sabe cuándo puede verse en una situación difícil. Si eres considerado y servicial con tus amigos cuando necesitan un favor, ellos te echarán a ti una mano cuando te haga falta.

–¡Abuelito, mira, paró de llover! –exclamó el niño–. Y se ve el arco iris. ¿Ahora puedo salir a jugar?

–Claro. Pero ponte las botas de goma. Hay muchos charcos.

–Gracias, abuelito. Y gracias por el cuento.

Competir sin discutir

El desayuno estaba servido. A Tristán le encantó el huevo frito con tostadas y el vaso de jugo fresco de naranja. Aquel era un gran día. En efecto, una vez al mes Roberto, el guarda forestal, se llevaba de excursión a un bosque cercano a los niños y profesores del colegio de Tristán. Ahí les hablaba del bosque y de los animales que vivían en él y les enseñaba técnicas de supervivencia.

—¿Estás listo para la excursión? —le preguntó su abuelo al sentarse a su lado a desayunar.

Tristán asintió con la cabeza.

—Hoy don Roberto nos va a hablar de los peces del río. Tal vez hasta nos enseñe a pescar.

—Eso sería divertido —dijo el anciano—. ¿Qué más les enseña?

—A veces nos divide en equipos y hacemos juegos sobre cosas que hemos aprendido con él. No me gustan esos juegos, porque normalmente me toca un equipo malo y perdemos.

—Entiendo que eso te fastidie; pero lo que hay que hacer es trabajar en equipo y ayudarse unos a otros.

—¿Cómo? —preguntó el niño.

—Mejor te lo explico con un cuento mientras vamos al colegio.

La carrera benéfica de Cuadrilla y Cía. era una carrera de relevos que se realizaba todos los años a fin de reunir fondos para una obra social de la empresa. Todos los vehículos para la construcción participaban en ella.

Cantidad de gente de la ciudad iba a verla. El capataz siempre se esmeraba para que el acontecimiento fuera emocionante y lo más entretenido posible para todos. Había diversos espectáculos y mucha comida y bebida. Pero lo más destacado era siempre la carrera de postas.

Los vehículos se pasaban la semana antes poniendo a punto sus motores y arreglando cualquier desperfecto. El último día les hacían un buen lavado y les llenaban el depósito de combustible.

Había cuatro equipos, cada uno de tres vehículos.

–Distinguido público, buenas tardes –dijo el capataz. La multitud hizo silencio.

–La carrera comenzará en media hora –prosiguió el capataz–. Y antes de que empiece quiero presentarles a los cuatro equipos que van a competir hoy.

La muchedumbre aclamó.

–El equipo A –continuó el capataz– está compuesto por Lanzador y Mezclador de Hormigón y Pepe Volquete.

La gente volvió a ovacionar.

—El equipo B, por Pinta Asfalto, Rodillo Aplanador y Camión Grúa.

El público aplaudió.

—El equipo C, por Triturador, Perforador y Carmen Pluma.

Se escucharon más aplausos.

—Y por último, el equipo D está formado por Demoledor, Mini y Cavi.

Una vez más el público hizo una ovación.

—La gente aclamó más al equipo A que al nuestro —se lamentó Carmen—. Vamos a perder.

—No digas eso —la regañó Perforador un poco molesto—. Simplemente esfuérzate y haz tu parte.

—Bueno, ¿qué quieres que haga si no soy tan rápida como tú? —repuso ella.

—Carmen, deja de quejarte y anda a calentar tu motor —le soltó Triturador bruscamente.

Carmen se alejó dolida.

Mientras tanto, Lanzador, Mezclador y Pepe se habían reunido a un costado y tramaban en voz baja lo que iban a hacer para lograr la victoria.

—Si se te pone alguien delante, dale un empujón —recomendó Mezclador—. Nosotros somos fuertes, ¡y podemos ganar!

–Sí –corearon Pepe y Lanzador, y se pusieron a cantar una y otra vez–: ¡Vamos a ganar!

–¿Cómo me veo? –preguntó Pinta pavoneándose delante de Camión Grúa y Rodillo.

–¿Qué más da? –contestó Camión Grúa–. Esto en una carrera. Poco importa tu aspecto. Solo tienes que ir lo más rápido posible y tratar de ganar.

–¡A mí sí me importa! –exclamó Pinta, y se fue hecha una furia.

Demoledor, Mini y Cavi también se estaban preparando.

–Corran todo lo que puedan –dijo Demoledor a sus compañeras de equipo–. Da igual quién gane, con tal de que lo pasemos bien, ¿verdad?

–Sí –respondieron ellas.

–Creo que no voy a conseguir ir muy rápido –observó Mini.

–No te preocupes –respondió Cavi–. A veces te he visto andar bastante deprisa. Tienes ruedas buenas, aunque sean chicas. De todos modos, lo más importante es que lo pasemos bien.

El equipo D estaba listo, y con ganas de empezar la carrera; pero a los demás no les iba igual de bien. Carmen lloraba, Mezclador

y Perforador discutían sobre quién iba a ganar y Rodillo estaba enojado con Camión Grúa por haber disgustado a Pinta.

—¿Qué pasa? —exclamó el capataz—. La carrera comienza en diez minutos, y están todos peleándose. Demoledor, ¿podrías resolver estos conflictos?

—Por supuesto, señor.

—Gracias. Me alegro de poder contar contigo.

Acto seguido, el capataz se marchó para asegurarse de que todo lo demás estuviera listo para la competición.

—No sé si quiero participar hoy en la carrera —dijo Camión Grúa—, y menos en el mismo equipo que Pinta.

Enseguida se armó un alboroto y se pusieron a discutir sobre diferentes cuestiones y problemas.

—¡Cálmense todos! —intervino Demoledor—. La carrera empieza en cinco minutos, y la gente lleva toda la tarde esperando este momento. Recuerden que todos tenemos el mismo objetivo. El dinero que recaudemos este año nos permitirá construir un nuevo patio de recreo para el colegio. Es absurdo que nos peleemos. Tenemos que trabajar en equipo, unidos. Da igual quién gane. La cosa es pasarlo bien.

–Tienes razón –admitió Triturador–. Yo quiero hacer la carrera, y estoy contento con mi equipo. Aunque no ganemos, nos podemos divertir.

Los demás vehículos también estuvieron de acuerdo, y se pidieron disculpas unos a otros.

–Cuadrilla y Cía., a sus puestos –anunció el capataz por los altoparlantes en ese momento–. La carrera va a comenzar.

Los cuatro equipos se colocaron en la línea de partida, atentos a la señal del capataz.

–A sus marcas... listos... ¡YA!

Los cuatro primeros vehículos salieron disparados.

El público ovacionaba. Los vehículos que estaban esperando su turno animaban a su compañero de equipo que estaba corriendo. El capataz también aplaudía.

En la vuelta final, los últimos competidores de cada equipo –Mini, Rodillo, Triturador y Lanzador– recorrieron el circuito a toda velocidad.

–¡Rápido! ¡Rápido! –alentaba el público.

La meta ya estaba a la vista. Los gritos de la muchedumbre fueron en aumento.

–¡Vamos! –le vociferaba Demoledor a Mini.

Ésta aceleró y cruzó la meta en primer lugar. Los otros tres llegaron justo después.

–Han estado magníficos –exclamó el capataz.

Todos los asistentes aplaudían.

—Fue muy divertido —dijo Camión Grúa—. Me alegro de haber hecho la carrera, aunque nuestro equipo no ganara. Aún así la pasé bien.

Todos asintieron.

—Esto merece una celebración —anunció el capataz—. Ha sido la mejor carrera de todas. Gracias por su ayuda y participación.

Aquella noche, a la hora de la cena, Tristán les contó alegremente a sus padres y a su abuelo las aventuras que había vivido aquel día.

—Éramos tres equipos: los Salmones, los Tepemechines y los Pinchudos. A don Roberto, el guarda forestal, se le ocurrió ponernos nombres de peces. Yo estaba en el equipo de los Pinchudos.

—Parece que se divirtieron un montón —dijo su abuelo.

—Sí. Yo les conté a algunos amigos el cuento de esta mañana —comentó Tristán—. Les gustó mucho. Mi equipo estaba muy unido, y aprendimos cantidad de cosas sobre los peces y los ríos. También hicimos varios juegos. Mi equipo no ganó todas las veces, pero algunas sí. Lo pasamos muy bien.

Cuestión de tesón

CUADRILLA y CÍA.

Era un hermoso día de primavera. Tristán y su abuelo arrancaban malas hierbas y plantaban flores en el jardín.

El abuelo Diego dedicaba los sábados a la jardinería, y como su nieto en ese día no tenía clases, habían decidido plantar juntos unos bulbos y unas semillas.

Pero luego de colocar apenas tres bulbos, Tristán se dejó caer en el césped y dijo:

–¡Estoy aburrido!

El anciano, que estaba a pocos metros trabajando en un cantero de flores, se enderezó.

–¡Qué pena! No has terminado de plantar los bulbos de tulipán.

–Ya lo sé; pero ahora quiero hacer otra cosa.

–Te voy a contar un cuento. De todos modos, primero guardemos las herramientas en la canasta.

–Gracias, abuelito.

Cerca de la obra donde trabajaba Cuadrilla y Cía. se estaba instalando un circo. Alrededor de la gran carpa de color amarillo y azul había otras más pequeñas, y también

camiones, casas rodantes y jaulas para animales. Todo el personal colaboraba con los preparativos.

A la tarde siguiente, Mezclador de Hormigón le dijo a su hermano Lanzador:

—Me estoy aburriendo de pasarme el día haciendo girar mi tambor. Me gustaría probar algo distinto, más interesante.

—Te entiendo —le respondió Lanzador—. Yo lo único que hago es echar hormigón húmedo donde haga falta. ¡Eso es todo lo que hago, día tras día!

—Hagamos algo diferente —propuso Mezclador—. ¿Por qué no vamos a echarle un vistazo al circo?

—¿Estará bien? —preguntó su hermano.

—Yo puedo continuar mezclando allí; y tú igual tienes que esperar antes de hacer el siguiente trabajo.

—Es cierto, y no nos vamos a ausentar por mucho tiempo. ¡Vamos!

En el circo conocieron a Sergio, el presentador, que llevaba traje de etiqueta y sombrero de copa.

—¡Cómo les va, muchachos! —los saludó—. ¿Vienen a ver el circo?

—Sí, señor —contestaron.

—Acaba de terminar la primera función de hoy, pero ¡adelante!, miren todo lo que quieran.

A los dos hermanos se les pasó el tiempo volando. Al cabo de más de una hora...

–¡Uy! –exclamó Lanzador–. Tenemos que volver a la obra. A lo mejor podemos regresar mañana para ver el resto.

–Me apunto –dijo Mezclador.

En los siguientes días, ambos vehículos hicieron otras visitas cortas al circo.

–Me encantaría trabajar en un circo –comentó Lanzador–. Sería mucho más emocionante que lo que hago ahora.

–Hola, amigos –los saludó Sergio saliendo de su casa rodante–. Los he visto mucho por aquí en los últimos días. ¿Están preparándose para presentar un espectáculo circense? –agregó con una risita.

–¡Ojalá! –suspiró Mezclador.

–Lanzador –observó Sergio–, se me ocurre algo que probablemente podrías hacer bien. Mezclador te podría ayudar.

–¿De qué se trata? –preguntó emocionado Lanzador.

–En vez de lanzar concreto por la boquilla, podríamos colocar en tu tanque una mezcla de agua y jabón y podrías lanzar pompas al aire. ¡A los niños les encantaría! Hasta tengo un nombre para el espectáculo: «Pompas acróbatas».

—Me gusta la idea. ¿A ti no, Mezclador? —dijo Lanzador entusiasmado.

—Sí, me encanta —respondió su hermano—. ¿Yo qué haría?

—Tú puedes encargarte de atraer a la gente —explicó Sergio—. Serán un dúo estupendo. ¿Qué les parece?

—¡Cuente con nosotros! —exclamaron los dos.

—Pueden comenzar mañana si quieren —propuso Sergio—. Dejaré dicho que van a venir.

A la mañana siguiente, los dos vehículos se fueron directamente al circo para practicar. Estaban tan emocionados con su nuevo trabajo que ni siquiera se les ocurrió avisar al capataz de que se iban a ausentar. El presentador echó en el depósito de Lanzador la mezcla de agua y jabón y les dijo que pasaría más tarde a verlos.

—Muéstrame la pompa más grande que puedes hacer —le pidió Mezclador a su hermano.

Éste sopló fuerte con la intención de que le saliera una pompa enorme. Pero como estaba acostumbrado a trabajar con concreto espeso y no con una mixtura de agua y jabón, salieron por la boquilla miles de pompas que cubrieron toda la zona aledaña.

—Parece que no me salió muy bien —reconoció riéndose—. Lo intentaré de nuevo.

Mientras tanto, en la obra, el capataz andaba preguntando a todos si habían visto a los hermanos De Hormigón.

–Ninguno de los dos vino esta mañana –contestó Bulldozer–. Y en los últimos días se han ausentado a menudo.

–Me pregunto por qué –se dijo en voz alta el capataz–. Los necesitamos para comenzar a poner los cimientos del edificio. Todo está parado por ellos. ¡Esto no me gusta nada! Bulldozer, si los ves, avísame enseguida.

–Desde luego, jefe.

«Espero que no se hayan metido en ningún lío», musitó el capataz encaminándose hacia su remolque.

–Oye, Cavi, ¿qué pasa allá? –preguntó Mini.

–¿Dónde?

–En el circo. Mira todas esas pompas de jabón.

–No sé, pero hay un montón. Mira, ¡han cubierto por entero algunas carpas y casas rodantes!

Las cosas no le iban bien a Lanzador. Por mucho que se esforzaba, no conseguía hacerlo bien, y por su boquilla salían miles de pompas que iban cubriéndolo todo. Al principio a los dos hermanos les pareció gracioso; pero al cabo de un rato Mezclador comenzó a impacientarse.

–¡Vamos, hazlo bien de una vez!
–exclamó fastidiado.

–Hago lo que puedo, pero no me sale.

–¿Qué pasa? –dijo el presentador–.
¡Lanzador! ¡Mezclador! ¡Esto no es lo que les
pedí que hicieran!

–Lo sentimos mucho, don Sergio –se
disculpó Mezclador–. A Lanzador no le salen
bien las pompas.

–Ya veo –respondió el presentador, a
quien no le hacía ninguna gracia lo que
estaba ocurriendo–. Desgraciadamente,
Lanzador, voy a tener que desconectar tu
bomba. Nos estás inundando de pompas de
jabón, y a la gente no le gusta. Tal vez fue
un error de mi parte pensar que me podían
ayudar. Mejor que se dediquen a lo que
saben hacer. Lo siento.

Los dos hermanos se alejaron
desanimados en dirección a la obra, dejando
tras sí una estela de pompas de jabón.

–¿Qué son todas estas pompas? –les
preguntó Bulldozer cuando llegaron.

–¡Qué más da! –dijo Lanzador en tono
triste–. Prefiero no hablar del tema.

–¡Lanzador! ¡Mezclador! ¡Por fin los
encuentro!

Era el capataz.

76

–Espero que tengan una buena justificación por haber faltado hoy al trabajo.

–Este... más o menos –musitó Mezclador.

Los dos hermanos explicaron lo sucedido en el circo, la oferta de Sergio y el desastre que habían armado.

–Lamentamos mucho no haber cumplido con nuestra obligación –confesó Lanzador–. Creíamos que formar parte del circo sería más divertido que trabajar en la obra. Pero no nos fue muy bien. No salió como esperábamos.

–Está bien –dijo el capataz–. Pero como hoy no vinieron, será necesario que mañana se presenten muy temprano para adelantar en el trabajo y ponernos al día. Espero que hayan aprendido la importancia de persistir hasta dejar las cosas terminadas.

–Sí, jefe –respondió Lanzador–. Estaremos aquí tempranito. Lo prometemos.

–Quiero seguir plantando los bulbos de tulipán –comentó Tristán cuando acabó el cuento–. Es bueno que persevere hasta terminar.

–Luego podemos ir a hacer otra cosa –explicó su abuelo–, lo que tú quieras.

–Gracias –contestó el niño–. Pensaré en algo divertido.

CUADRILLA y CÍA.

Más unidad en Navidad

—¿Cómo van los ensayos para la función de Navidad? –preguntó el abuelo Diego a Tristán al entrar éste a la casa.

—La señora Blanco nos está enseñando un villancico –explicó el niño– y dice que una parte la cantaré yo solo.

—Estupendo –comentó el anciano.

—Es que soy el que tiene mejor voz –se jactó el pequeño–. De los otros niños, ninguno canta tan bien como yo.

Su abuelo arqueó las cejas y se quedó mirándolo.

—¿De veras?

—Por supuesto. Escucha cómo canto.

Tristán se puso a cantar el villancico que la profesora les estaba enseñando.

—Muy bien –lo felicitó su abuelo–. Tienes buena voz. Pero debes tener cuidado de no vanagloriarte de los dones que Dios te ha dado. Al jactarte, puedes herir a los demás y llevarlos a pensar que no tienen tanto talento como tú.

—Pero ¿qué pasa si soy mejor que ellos?

—Aún así debes procurar animarlos, para que se esfuercen todo lo posible. No todos tenemos talento para lo mismo, pero igual cada persona está especialmente dotada en

algún sentido. Lo entenderás mejor con el cuento *Más unidad en Navidad.*

A Cuadrilla y Cía. le habían encargado la tarea de construir un set para filmar una película de Navidad. Todos estaban entusiasmados con la idea. Antes de empezar, los vehículos se sometieron a una revisión y algunos incluso a un repintado para que se vieran como nuevos.

—Confío en que cada uno de ustedes hará un trabajo de primera, a la altura de lo que se espera —les dijo el capataz—. Son la mejor cuadrilla que he tenido, pero ahora necesito que cada uno se esfuerce al máximo. ¡Que les vaya bien!

—Jamás se me había ocurrido que participaría en la construcción de un set de filmación —le comentó Mini a Cavi—. Nunca he hecho nada parecido.

—Yo tampoco —aclaró su compañera—, pero sabemos trabajar en equipo y somos una excelente cuadrilla. Me imagino que por eso nos lo han encargado a nosotros. No te preocupes. Haz tu labor como de costumbre y nos irá de maravilla.

–Gracias, Cavi –respondió Mini–. Fuiste tú quien me enseñó a hacer mi trabajo. Aprender de ti fue una bonita experiencia.

–Me alegro.

Los primeros días todo fue bien y se avanzó mucho. Sin embargo, después empezaron los conflictos entre algunos vehículos.

Un día, a la hora del almuerzo, Camión Grúa andaba de mal humor.

–No puedo seguir trabajando con Carmen –le dijo a Bulldozer–. Es muy mandona y se cree muy lista sólo porque está recién pintada. No puedo echarle nada encima sin que se queje de que le voy a arruinar la pintura. Me parece que me iría mejor trabajando solo.

–Te comprendo –respondió Bulldozer–. ¡Si oyeras a Cavi! No para de hablar de lo mucho que sabe de construcción. Se cree mucho más útil que yo. Voy a ver si encuentro algún otro trabajo en la obra en el que no tenga que estar cerca de ella.

Por otro lado, Cavi conversaba con Pinta Asfalto y Rodillo sobre lo flojo que le parecía Bulldozer.

–Y de los hermanos De Hormigón ni les hablo –añadió–. No entiendo por qué los incluyeron en la cuadrilla.

–Estoy esperando –anunció Pepe fastidiado–. ¿Qué se creen, que estamos de

vacaciones? Tengo mucho que hacer. ¡A ver si nos ponemos las pilas!

Y se fue con gran estruendo.

—Pepe Volquete ha vuelto —comentó Cavi—. A él no le hicieron mejoras como a los demás. ¡Seguro que por eso está tan antipático!

—De todos modos, mejor que nos pongamos a trabajar si no queremos que se enoje aún más —propuso Rodillo.

—Yo no veo para qué lo necesitamos —dijo Cavi—. Podemos arreglarnos sin él. Que se enfade todo lo que quiera.

Más tarde el capataz salió para ver cómo iba todo. «Aquí hay algo que no anda bien», pensó.

Muchos vehículos a los que les había encargado que trabajaron juntos se habían separado. Otros se veían muy tristes. Se oían discusiones, y el trabajo se hacía de mala manera.

«Esto no me gusta nada —se repitió—. ¡Vamos a tener que hacer algo si queremos terminar la obra a tiempo!»

—Hola, jefe.

Era la alegre voz de Mini.

—Hola —la saludó el capataz—. Me alegro de encontrar a alguien que esté haciendo lo que le pedí. ¿Tienes alguna idea de lo que está pasando?

—En realidad, no. He estado trabajando.

De pronto se escuchó un estampido. El capataz y Mini se dieron la vuelta para ver qué había ocurrido.

—¡Mira lo que he hecho por culpa tuya! —gritó Camión Grúa.

Uno de los grandes postes de acero que Camión Grúa estaba levantando se había zafado y estrellado fuertemente contra el suelo. Por suerte, no había caído de mucha altura, y no había nadie debajo.

—¡No me eches a mí la culpa de tus errores! —replicó Carmen—. Por poco se me cae encima ese poste. ¡Imagínate, me habría rayado la pintura!

El capataz ya se hartó.

—¡Cállense todos! —ordenó por los altoparlantes.

Toda la obra quedó en silencio.

—No me parece nada bien lo que está sucediendo hoy —continuó—. Me di una vuelta y no oí más que discusiones, peleas, alardes y conversaciones desagradables. Esta no es forma de trabajar, ¿no creen?

Nadie se atrevió a responder.

—¿Me permite decir algo? —preguntó Mini.

—Por supuesto —respondió el capataz—. Mini es la única que ha estado trabajando como es debido, mientras los demás reñían.

–Hola a todos –comenzó diciendo Mini–. Esta mañana estuve pensando que el trabajo que nos han encargado es estupendo. Me explico: jamás se me había ocurrido que participaría en la construcción de un set de filmación. Pero lo mejor de todo es que la película que se va a filmar aquí trata de la Navidad. ¿Qué más podríamos pedir?

»Como saben, Jesús vino a la Tierra de un modo muy humilde. Era Rey de todo el universo, pero nació en un pequeño establo apestoso.

»Y aunque era una persona muy importante, nunca se jactó de ser alguien especial, ni de lo que era capaz de hacer; y eso que hizo muchas cosas que nadie podía hacer. Me puse a pensar que si todos procuráramos ser más de esa manera –más mansos y humildes–, avanzaríamos mucho más».

–Exactamente –intervino el capataz–. Mini ha dado en el clavo. Cada uno de ustedes tiene una función bien determinada y está dotado de ciertas habilidades; pero tienen que cooperar unos con otros. Cada uno es muy necesario; por eso forman parte de la cuadrilla. Todos deberían comenzar por pedirse disculpas. Y luego deberían trabajar en armonía en lo que se les ha asignado.

Después de pedirse perdón, todos los vehículos reanudaron sus quehaceres, esta

vez bien unidos, en equipo, y como era de esperar montaron unos escenarios fabulosos.

–Gracias por recordarnos el verdadero sentido de la Navidad –le dijo Bulldozer a Mini–. Lo principal es procurar amarnos y ayudarnos, tal como Jesús amó y ayudó a los demás.

Dos semanas más tarde, en la función de Navidad del colegio, Tristán, Damián y Tomás cantaron *El tamborilero*. Los tres lo hicieron muy bien. Luego hubo otros villancicos y una breve obra de teatro. A todo el mundo le gustó.

–¡Tristán, estuviste sensacional! –comentó su abuelo–. Tu interpretación ha sido fantástica.

–Gracias. Les conté a los demás la historia que me contaste. Nos esforzamos por trabajar en equipo, cada uno hizo su parte, y dio resultado.

–¡Desde luego! –exclamó el anciano–. Fue una función de Navidad extraordinaria. Me siento orgulloso de ti.

–Feliz Navidad, abuelito –dijo el niño dándole un abrazo a su abuelo.

–Feliz Navidad para ti también, Tristán.

MORALEJA: La Navidad es una temporada para amar, manifestar cariño y ayudar a los demás. Cuando celebres la Navidad, acuérdate de pensar antes en los demás que en ti.
Eso te hará muy feliz.

Moralejas presentadas en

CUADRILLA y CÍA.

Los cuentos de este libro exponen de forma entretenida las siguientes enseñanzas formativas:

• Haz un esfuerzo por resolver amorosamente los desacuerdos que tengas con los demás. Conversando se pueden limar asperezas y encontrar soluciones (*Una pelea fea*).

• Hay un tiempo para armar y un tiempo para desarmar. Cuando no sepas bien qué hacer, pregunta a tus padres o tus maestros (*Sin ton ni son*).

• Es importante tratar a los demás y ayudarlos como te gustaría que te trataran y ayudaran a ti. Toda la amabilidad y la simpatía que les manifiestes te vendrá de vuelta (*Todo lodo*).

• Si aprendes a trabajar en equipo con los demás, verás que puede ser muy divertido (*Competir sin discutir*).

• Es importante aprender a dejar los trabajos bien terminados. Aunque una tarea no sea tu favorita, si sigues hasta el final luego te sentirás satisfecho (*Cuestión de tesón*).

• La Navidad es una temporada para amar, manifestar cariño y ayudar a los demás. Cuando celebres la Navidad, acuérdate de pensar antes en los demás que en ti. Eso te hará muy feliz (*Más unidad en Navidad*).

Cuentos del abuelito

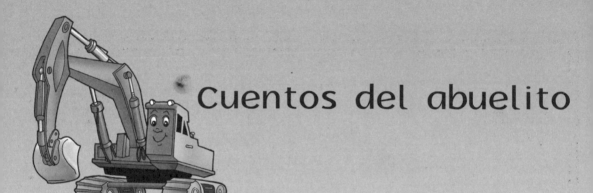

CUADRILLA y CÍA.

Pepe Volquete, Carmen Pluma, Camión Grúa, los hermanos De Hormigón y la optimista Mini forman parte de una cuadrilla de infatigables vehículos para la construcción. Cada uno de ellos, bajo la sagaz vigilancia del capataz, desempeña un importante papel en la realización de las obras.

- ✓ Terminar lo que se comienza
- ✓ Seguir instrucciones
- ✓ Hacer cada cosa a su tiempo
- ✓ Zanjar disputas
- ✓ Ayudar a los demás
- ✓ Trabajar en equipo

CHIQUISAURIOS

En la serie *Chiquisaurios* nos vemos transportados al mundo de un grupo de pequeños dinosaurios. Cuando Patricio, sin querer, pisotea el jardín de su hermana Dina, todos los amigos dan una mano para arreglar lo que se ha estropeado. Yago echa a perder una excursión por negarse a dormir, pero el incidente les reporta buenas enseñanzas. Una sorpresiva invitación a un banquete estimula a Viviana a mejorar sus modales.

- ✓ Consideración
- ✓ Buenos modales
- ✓ Salud
- ✓ Obediencia
- ✓ Perdón
- ✓ Decir la verdad
- ✓ Resolver desacuerdos

WITHDRAWN